Los dioses de los antiguos griegos vivían en la cima del monte Olimpo.

Eran inmortales y poderosos; sin embargo, al igual que los seres humanos, amaban y odiaban, eran generosos y posesivos, benévolos y caprichosos.

Los mitos cuentan las hazañas de los dioses y los héroes. La palabra "mito" viene del griego y significa cuento.

Personajes y lugares del mito de Deméter y Perséfone:

Zeus, padre de los hombres y de los dioses, esposo de Hera.

Deméter, diosa del trigo y la tierra fértil.

Core, hija de Deméter y diosa del grano que germina.

Perséfone, nombre que recibe Core cuando se convierte en diosa del inframundo.

Hades, señor del inframundo, mundo subterráneo y reino de los muertos. Cuando se aparecía en la Tierra, usaba un tocado de piel de perro que lo volvía invisible.

El **narciso**, flor sagrada de Hades, presagiaba muerte.

Hermes, mensajero de los dioses.

Hécate, diosa de los caminos y las encrucijadas. Se aparecía en los momentos cruciales de la vida.

Helios, el Sol. Recorría el cielo en su carro.

Iris, diosa del arcoíris.

Baubo, extraña criatura de la ciudad de Eleusis. Representaba la risa que aliviaba el dolor.

Las **Arpías**, espantosos seres alados de afiladas garras. Vigilaban la entrada al inframundo.

El **Olimpo**, monte de Grecia.

Eleusis, ciudad griega cercana a Atenas.

Los **ritos eleusinos** eran celebrados en honor a Deméter, quien había enseñado a los hombres a sembrar y a cultivar la tierra. Durante estos ritos se distribuía una bebida de cebada, con la que preparaban a los participantes para su encuentro con Perséfone, quien un día los habría de acoger en ultratumba.

A Enrica y a Marta
C. L.

Los Clásicos del
Naranjo

Título original: La nascita delle stagioni. Il mito di Demetra e Persefone.

Copyright © 2006, por Edizioni Arka, Milano, Italia.

Todos los derechos reservados

Primera edición en español

D. R. © 2007. Ediciones El Naranjo, S. A. de C. V.

Av. México núm. 570, Col. San Jerónimo Aculco,

Delegación Magdalena Contreras, C. P. 10400, México, D. F.

Tel/fax. +52 (55) 5681 8175

elnaranjo@edicioneselnaranjo.com.mx

www.edicioneselnaranjo.com.mx

Coordinación editorial: Ana Laura Delgado

Cuidado de la edición: Sonia Zenteno

Traducción: Ana Ávalos Flores

Revisión del texto: Ana María Carbonell y Caterina Camastra

Diagramación electrónica: Elba Yadira Loyola

ISBN 88-8072-159-3, Edizioni Arka

ISBN 978-968-5389-62-4, Ediciones El Naranjo

Impreso en China • Printed in China

EL NACIMIENTO DE LAS ESTACIONES
EL MITO DE DEMÉTER Y PERSÉFONE

se imprimió en el mes de agosto de 2008, en los talleres de Hung
Hing Printing, Shen Zhen, China. En su composición tipográfica
se utilizaron las fuentes Minion MM Roman, Minion MM Italic
y Lithos. Se imprimieron 6 000 ejemplares: 3 000 para Ediciones
El Naranjo y 3 000 para Conaculta en papel couché
mate de 157 gramos, y con encuadernación en cartoné.
El cuidado de la impresión estuvo a cargo de Ediciones El Naranjo.

EL NACIMIENTO DE LAS ESTACIONES

EL MITO DE DEMÉTER Y PERSÉFONE

Texto de Chiara Lossani,
inspirado en el *Himno a Deméter* de Homero
y los fragmentos órficos citados por
Karoly Kerényi en *Los dioses de Grecia*.

Ilustraciones de Octavia Monaco

Traducción de Ana Ávalos Flores

Con los mitos, los antiguos griegos explicaron muchas de las preguntas
que se hacían sobre la naturaleza y la vida:

¿Quién hace que el sol nazca por la mañana y que por las noches desaparezca entre las olas?
¿Quién desata vientos y tempestades arrastrando las naves al fondo del mar?
¿Quién incita al amor?
¿Quién decide la muerte?

Y cuando la pregunta era: *¿Por qué la naturaleza muere cada invierno y renace en primavera?*,
contaban el mito de Deméter y Perséfone: una historia de amor entre
una madre y su hija, cuando en la Tierra sólo había una estación: el verano…

ediciones
el naranjo

Deméter, la diosa del trigo, amaba a su hija, la pequeña Core, sobre todas las cosas. Mientras jugaba con ella cantaba:

Uno, dos, tres:
yo soy tú, tú eres yo.
Cuatro, cinco, seis:
donde estoy yo, estás tú.

Nunca se alejaba de ella, ni siquiera cuando descendía del Olimpo para estar entre los hombres y vigilar que el trigo creciera abundante.

Cuando Core creció, Deméter le enseñó el nombre de las flores y las frutas. Madre e hija correteaban entre la hierba, descansaban a la sombra de los olivos. Siempre juntas, como los granos de una espiga.

Deméter, en el fondo de su corazón, deseaba que las cosas nunca cambiaran.

Sin embargo, los años pasaron y Core se convirtió en una joven diosa de gran hermosura.
Una mañana, contemplando desde el Olimpo la llanura, dijo a su madre:

—Los prados están todos en flor, ¿vamos a recoger tulipanes y violetas?

—No podemos —respondió Deméter, mientras se peinaba frente al espejo—. Hoy es
la cosecha del grano, los hombres nos aguardan…

—Iré sola —la interrumpió Core—, mientras tú vigilas la cosecha.

—¿Sin mí? —dijo Deméter frunciendo el ceño.

Sus miradas se encontraron en el espejo. La de Core, por primera vez, mostraba
determinación. Deméter cedió:

—Está bien —dijo, pensando que su mirada llegaría hasta donde fuera necesario
para velar por ella.

Vigilar la cosecha era un deber que Deméter no podía dejar de cumplir. Zeus, el padre de los dioses, se lo había recordado repetidas veces: "Nunca dejes solos a los hombres durante la cosecha del grano. Asegúrate de que sus guadañas estén bien afiladas y de que cuando llegue la noche, todas las espigas estén apiladas en los carros".

Deméter supervisaba el trabajo, pero con sólo levantar la mirada podía distinguir a Core entre las flores.

Si por un instante sus ojos ansiosos la perdían de vista, inmediatamente oía la voz de Core: "¡Mamá, aquí estoy!". Entonces, el corazón de Deméter retomaba su ritmo.

El prado resplandecía por los colores de las campánulas, amapolas, rosas, violetas, iris. Su perfume impregnaba el ambiente. Core recogía flores y, mientras imaginaba su futuro de diosa, sonreía.

También Hades, el dios
de los cabellos color ceniza,
prepara un futuro para sí.
Core: ¡no le sonrías a los narcisos!

En el prado sólo había un narciso, el cual capturó la mirada de Core.
Ésta no dudó en recogerlo, preguntándose maravillada: "¿Por qué
los narcisos son presagio de muerte?".

Hacía días que Hades, dios del inframundo, espiaba a Core. La quería
a su lado, para que alumbrara su mundo de sombras. Sin embargo
sabía que, mientras Deméter estuviera cerca, él nunca la tendría.
Por eso, esperó a que se encontrara sola. Y ahora Core estaba sola…

Hades se alistó para tornarse invisible a los ojos de los hombres.
La tierra tembló, se abrió de par en par y de lo profundo, en su carro
tirado por caballos oscuros, irrumpió el dios.

Core no tuvo tiempo de ocultarse o de huir. Apenas si pudo lanzar
un grito. Pero su madre no acudió para ayudarla: Zeus había
amordazado al viento, y éste no pudo llevarle su voz. Arrancada
de las flores, se esfumó con Hades en el abismo negro.

—Core, ¿dónde estás?
Deméter sólo escuchó el soplido del viento entre las espigas.

Serán separados
los granos del trigo.
¿No prevés, Deméter,
qué destino te espera?

—¡Core! Core, ¿dónde estás? —gritó Deméter, arrojándose al prado.
Sólo escuchó el soplido del viento sobre la hierba.

—¡COOORE!

Los pájaros dejaron de cantar, el viento se quedó suspendido. Las
flores y el narciso desperdigados en el suelo.

Consternación.
Dolor.
Desesperanza.

Deméter se restregó el rostro, arrojó el manto, echó a correr por los campos y los caminos,
llamando a Core, olvidándose de proteger a los hombres y sus cultivos.

¿Qué importancia tenían ellos, si ya no tenía a su hija? Sentía el pecho vacío, como si
le hubieran arrancado el corazón.

Silencio y frío,
muerte y sombra,
se acabó la vida,
el corazón es una tumba.

Vagó todo el día en busca de Core. Nadie, ni hombres ni dioses, había
visto nada. Nadie había escuchado nada.
Vagó toda la noche también. Hasta que, al alba, apareció la vieja
Hécate, diosa de los caminos y las encrucijadas, con su cortejo de perros.
Los perros corrieron hacia Deméter, le pidieron caricias. Pero a Deméter
ya no le quedaba ternura ni en la punta de los dedos.
—Un dios raptó a tu hija. Yo no vi nada —le dijo Hécate—,
pero escuché sus gritos.
El hielo oprimió el corazón de Deméter. La diosa miró al cielo
y, sin decir una palabra, como pájaro, abandonó la Tierra.

¿Qué esperas, Deméter?
Si de verdad fue un dios
quien te robó a tu hija,
tu dolor sólo será más grande.

Frente a Helios, que conducía su carro luminoso, con un gesto profundo y el corazón lleno de rabia, Deméter detuvo los caballos:

—Mi hija ha sido raptada por un dios, ¡pero no sé cuál! —gritó—. Tú, que alumbras toda la Tierra, ¡dime, quién ha sido! Dime, ¿quién raptó a mi Core?

—Zeus la prometió por esposa a Hades, y él la llevó a su reino de sombras. Hades será un esposo digno de ella: suyas son las riquezas del subsuelo, el oro y las piedras preciosas. ¿Qué más quieres para tu hija? —dijo Helios mientras azuzaba a los caballos para que continuaran su camino.

La diosa, fulmínea, parándose delante del carro, desvió su recorrido. Después, agarró a golpes el cielo, creció desmedidamente y se soltó los cabellos, oscureciendo el Sol y cubriendo la Tierra con su inmensa sombra.

—¡Nunca más quiero volver a verte, Zeus,
traidor! ¡Nunca más volveré a poner un pie
en el Olimpo! —gritaba Deméter mientras
deambulaba sobre la Tierra, ignorando
a los hombres y sus cultivos.

Silencio y frío,
muerte y sombra,
se acabó la vida,
la Tierra es una tumba.

Erraba por los campos, ya fríos y oscuros como su sombra: la hierba
se marchitaba, los árboles perdían sus frutos y las hojas caían, las ramas
quedaban desnudas apuntando hacia el cielo apagado.

Deméter ya no dotaba de semillas la tierra, y el Sol, cada vez más lejano,
ya no calentaba los terrones.

Pardo, gris y negro eran los colores que ahora pintaban el mundo.

También gris y negro eran los colores del mundo al cual había sido arrojada Core, quien, mientras le rogaba a los dioses que la dejaran ver la luz de nuevo, con un dolor más intenso que el miedo se preguntaba: "¿Por qué mi madre no hizo nada para impedirlo? ¿Por qué me abandonó?".

De repente, vio sombras emerger de la oscuridad: hombres, mujeres, niños. Susurrando, se asombraban de que ella estuviera viva.

Después sintió que una mano le acariciaba un hombro. Era Hades, cabellos color de ceniza. Éste, con voz amable, le dijo: "Ahora eres mi esposa, ya no eres la misma, ya no eres Core. Ahora eres Perséfone, diosa del inframundo".

En ese instante, Core se percató de que los recuerdos de su vida transcurrida en el mundo de arriba se iban desvaneciendo. Entonces, comprendió que la voluntad de un dios poderoso la había alejado de su madre: sintió que Core, poco a poco, dejaba lugar a Perséfone.

Si entre los hombres no hay alegría,
no hay alegría ni entre los dioses.
¿El cielo es un reflejo de la Tierra?
¿O la Tierra del cielo?

Al extinguirse los últimos colores, la Tierra tenía el aspecto de un jardín quemado por el hielo.

Desde el Olimpo, Zeus preocupado observaba y se preguntaba: "Si el trigo ya no puede germinar, los hombres morirán. Entonces, ¿quién hará ofrendas a los inmortales?".

Haciendo retumbar las nubes, arrojó, furioso, un rayo y llamó a Iris, la diosa del arcoíris, que sabía cómo unir la Tierra con el cielo:

—¡Ve con Deméter, y dile que le ordeno que regrese entre los dioses y restituya la vida en la Tierra!

Pero el corazón de Deméter estaba sordo:

—Esconderé las semillas hasta que vuelva a ver a mi hija —respondió a Iris.

Un tiempo se está acabando,
otro está por comenzar.
Es Zeus quien decide:
¿quién puede contradecirlo?

Cuando, en su errar, Deméter llegó a Eleusis, una extraña criatura se le acercó, y, ofreciéndole higos y una bebida de cebada, le dijo:

—¡Buenos días, Deméter!

—¿Quién eres tú? —preguntó la diosa, levantando los ojos.

—Baubo —respondió la criatura.

—¿Qué significa?

—Significa panza —contestó Baubo riendo. Y con gesto impertinente se levantó el vestido, mostrando la panza redonda que parecía un rostro, con los senos por ojos.

Deméter se quedó mirando fijamente aquella panza que le recordaba algo…

¿Tal vez las panzas de las madres que piensan en sus hijos? ¿Tal vez a ella misma cuando, con amor, cultivaba panza y proyectos para Core? Ese amor continuaba dentro de ella, suyo para siempre, y ningún dios podría raptárselo…

De improviso, una risa ligera resonó en su pecho, llevándose
el dolor. Después, libre, explotó en el aire y se esparció por las calles
de Eleusis, arriba, arriba por las montañas, hasta la cima del Olimpo.
Fue justo entonces…

…cuando se le apareció el joven dios Hermes:

—Deméter, tengo un mensaje de Zeus para ti: "la Tierra no puede vivir sin frutos…".

—¡Ni yo sin Core! —interrumpió ella.

—Así dijo también Zeus —asintió Hermes—. Por esto me mandó con Hades, a quien anuncié: "Por el bien de los hombres y de los dioses, Zeus te pide que Core pueda volver a ver a su madre". Hades, asombrado, alzó una ceja, pero después con una sonrisa en los labios me contestó: "Deméter volverá a ver a su hija, como ordena Zeus. Las Arpías, custodias de ultratumba, se la regresarán. Ahora, sin embargo, quisiera estar a solas con mi esposa". Y sin añadir nada más, tomó de la mano a Core y la condujo hacia el jardín de las granadas.

Esto relató Hermes a Deméter, y un instante después había desaparecido.

Tus ojos, Deméter, volverán a ver a Core,
como habías pedido.
Sin embargo, ¿será ella la misma persona
que te fue raptada?

Empujadas por el viento de tempestad que siempre las rodeaba, las Arpías condujeron a Perséfone de la oscuridad a la luz, y la dejaron en la llanura de Eleusis, donde con ansias la esperaba Deméter.

—¡Core! ¡Core! —gimió la diosa abrazando a su hija mientras con los dedos buscaba reconocer sus labios, su nariz, su cabello.

—Ahora soy Perséfone —le contestó Core impasible.

Deméter la alejó de sí y se dio cuenta de que, aunque había regresado y ella la podía tocar, Core ya no era la misma. Le preguntó, alarmada:

—¿Qué te pasó en el inframundo?

Perséfone le contó del dios amable de cabellos color de ceniza, del jardín y de las semillas de granada que antes de dejarla partir había exprimido en sus labios. Deméter, quedándose sin aliento, gritó:

—¡Core! ¿Por qué lo seguiste hasta ese jardín?

Ahora el límite entre la sombra y la vida
se ha vuelto más incierto:
quien come en el inframundo
deberá regresar a él.

Deméter entonces entendió que sólo el padre de los dioses podría ayudarla.

Abrazando a Perséfone, se dirigió hacia el Olimpo.

Zeus la esperaba.

—Perséfone comió en el inframundo —prorrumpió el dios—, y ¡Hades quiere que regrese allá abajo! Pero tú, Deméter, también la quieres contigo, y si no la tienes dejarás que la Tierra muera. Los dioses, sin embargo, no pueden permitirlo; por eso decidí que, de ahora en adelante, Perséfone pasará una parte del año contigo y otra con Hades. Cuando esté contigo, la Tierra estará colmada de flores y frutas. Cuando tu hija descienda al país de las sombras, caerá el hielo y la Tierra será el desierto, como tu corazón ordena, porque Perséfone se llevará los granos de las espigas. Ella será el grano, que sólo si se siembra puede renacer y germinar.

Finalmente agregó:

—Todo cambiará también para los hombres, su vida encontrará un ritmo nuevo: a la primavera seguirá el verano, al verano el otoño y el invierno, y al invierno la primavera y el verano.

Para siempre.

Una estación para vivir, una estación para morir.

Un tiempo concluyó,
otro comienza.
Zeus es quien lo decidió:
¿quién puede contradecirlo?

Madre e hija regresaron juntas a la Tierra. Y mientras Helios
se acercaba de nuevo, calentando los terrones, Deméter soltó
las semillas. Y por donde ellas pasaban, retoñaban hojas, flores
y frutos, volviendo a cubrir el mundo de colores y perfumes.

Así era como los antiguos griegos se explicaban la eterna sucesión de las estaciones,
el eterno renovarse de la vida.